MASA

O ŻOŁNIERZACH POLSKIEJ MAFII